다문화 가족을 위한 글로벌 한글쓰기

완성편

펴낸이_ 배수현

다문화 가족을 위한
글로벌 한글쓰기 완성편

펴낸이 배수현

G 가나북스

일러두기

쓰기, 글짓기 실력이 쑥쑥-

- 글씨쓰기 학습을 통해 우리글을 바르고 예쁘게 쓰게 합니다.
- 글쓰기 연습을 통해 논리적으로 생각할 수 있는 힘을 길러주어 글짓기 실력이 쑥쑥 늘게 합니다.

이렇게 엮었습니다.

- 국내 다문화 가족의 한글쓰기 공부에 도움이 되도록 단어와 문장을 구성하였으며, 한국 문화를 읽히는데 쉽고 재미있게 엮었습니다.
- 글쓰기 기초학습에 중점을 두어 조기에 논리적사고력, 응용력, 탐구력을 기르는데 도움이 되도록 하였습니다.
- 도움말을 주어 스스로 공부하는 학생이나 지도하시는 선생님, 학부모님께 참고가 되도록 하였습니다.

목차

다문화 가족을 위한 **글로벌 한글쓰기 완성편**

1 기초 익히기

　　2 자음 익히기

3 모음 익히기

　　4 기본낱말 익히기

5 어휘력 구사하기

　　6 한국문화 익히기

7 대한민국 행정구역

　　8 자연환경보호 캠페인

9 편지글쓰기

　　10 우체국서비스

11 유엔(UN) 가입 국가
　　　(192개국)

1 기초 익히기

ㄱ	기역		ㅏ	아		가	가	
ㄴ	니은		ㅑ	야		나	나	
ㄷ	디귿		ㅓ	어		다	다	
ㄹ	리을		ㅕ	여		라	라	
ㅁ	미음		ㅗ	오		마	마	
ㅂ	비읍		ㅛ	요		바	바	
ㅅ	시옷		ㅜ	우		사	사	
ㅇ	이응		ㅠ	유		아	아	
ㅈ	지읒		ㅡ	으		자	자	
ㅊ	치읓		ㅣ	이		차	차	
ㅋ	키읔					카	카	
ㅌ	티읕					타	타	
ㅍ	피읖					파	파	
ㅎ	히읗					하	하	

공부한 날 (   )월 (   )일

야	야		거	거		겨	겨	
냐	냐		너	너		녀	녀	
댜	댜		더	더		뎌	뎌	
랴	랴		러	러		려	려	
먀	먀		머	머		며	며	
뱌	뱌		버	버		벼	벼	
샤	샤		서	서		셔	셔	
야	야		어	어		여	여	
쟈	쟈		저	저		져	져	
챠	챠		처	처		쳐	쳐	
캬	캬		커	커		켜	켜	
탸	탸		터	터		텨	텨	
퍄	퍄		퍼	퍼		펴	펴	
햐	햐		허	허		혀	혀	

1 기초 익히기

고	고		교	교		구	구	
노	노		뇨	뇨		누	누	
도	도		됴	됴		두	두	
로	로		료	료		루	루	
모	모		묘	묘		무	무	
보	보		뵤	뵤		부	부	
소	소		쇼	쇼		수	수	
오	오		요	요		우	우	
조	조		죠	죠		주	주	
초	초		쵸	쵸		추	추	
코	코		쿄	쿄		쿠	쿠	
토	토		툐	툐		투	투	
포	포		표	표		푸	푸	
호	호		효	효		후	후	

공부한 날 (   )월 (   )일

규	규		그	그		기	기	
뉴	뉴		느	느		니	니	
듀	듀		드	드		디	디	
류	류		르	르		리	리	
뮤	뮤		므	므		미	미	
뷰	뷰		브	브		비	비	
슈	슈		스	스		시	시	
유	유		으	으		이	이	
쥬	쥬		즈	즈		지	지	
츄	츄		츠	츠		치	치	
큐	큐		크	크		키	키	
튜	튜		트	트		티	티	
퓨	퓨		프	프		피	피	
휴	휴		흐	흐		히	히	

2 자음 익히기

ㄱ	ㄱ		고	래
ㄱ	ㄱ		고	래
ㄱ	ㄱ	고 래	고 래	
ㄱ	ㄱ	고 래	고 래	

ㄴ	ㄴ		노	래
ㄴ	ㄴ		노	래
ㄴ	ㄴ	노 래	노 래	
ㄴ	ㄴ	노 래	노 래	

낱말을 관찰하고 손가락으로 덮어 써 봅시다.

공부한 날 ( )월 ( )일

ㄷ	ㄷ			두	부	
ㄷ	ㄷ			두	부	
ㄷ	ㄷ	두	부	두	부	
ㄷ	ㄷ	두	부	두	부	
ㄹ	ㄹ			마	루	
ㄹ	ㄹ			마	루	
ㄹ	ㄹ	마	루	마	루	
ㄹ	ㄹ	마	루	마	루	

 필순 기호를 따라 씁시다.

13

② 자음 익히기

ㅁ	ㅁ			모	자	
ㅁ	ㅁ			모	자	
ㅁ	ㅁ	모	자	모	자	
ㅁ	ㅁ			모	자	모	자
ㅂ	ㅂ			바	지	
ㅂ	ㅂ			바	지	
ㅂ	ㅂ	바	지	바	지	
ㅂ	ㅂ			바	지	바	지

낱말을 관찰하고 손가락으로 덮어 써 봅시다.

공부한 날 (   )월 (   )일

①ㅅ②	①ㅅ②		사	자	
ㅅ	ㅅ		사	자	
ㅅ	ㅅ	사	자	사	자
ㅅ	ㅅ	사	자	사	자

①ㅇ	①ㅇ		우	주	
ㅇ	ㅇ		우	주	
ㅇ	ㅇ	우	주	우	주
ㅇ	ㅇ	우	주	우	주

 필순 기호를 따라 씁시다.

2 자음 익히기

손가락으로 공중에 ㅈ, ㅊ, ㅋ, ㅌ을 써 봅시다.

공부한 날 (　　)월 (　　)일

ㅋ	ㅋ			코		코
ㅋ	ㅋ			코		코
ㅋ	ㅋ	코	코		코	
ㅋ	ㅋ	코	코		코	
ㅌ	ㅌ			토	끼	
ㅌ	ㅌ			토	끼	
ㅌ	ㅌ	토	끼		토	끼
ㅌ	ㅌ	토	끼		토	끼

 시필점을 시작으로 글씨를 바르게 씁시다.

2 자음 익히기

퓨 퓨		포 도
퓨 퓨		포 도
퓨 퓨	포 도	포 도
퓨 퓨	포 도	포 도
흐 흐		하 마
흐 흐		하 마
흐 흐	하 마	하 마
흐 흐	하 마	하 마

 시필점을 시작으로 글씨를 바르게 씁시다.

공부한 날 (　　)월 (　　)일

ㄱ	ㄴ	ㄷ	ㄹ	ㅁ	ㅂ	ㅅ	ㅇ
ㄱ	ㄴ	ㄷ	ㄹ	ㅁ	ㅂ	ㅅ	ㅇ
ㅈ	ㅊ	ㅋ	ㅌ	ㅍ	ㅎ		
ㅈ	ㅊ	ㅋ	ㅌ	ㅍ	ㅎ		
ㄱ	ㄴ	ㄷ	ㄹ	ㅁ	ㅂ	ㅅ	ㅇ
ㄱ	ㄴ	ㄷ	ㄹ	ㅁ	ㅂ	ㅅ	ㅇ
ㅈ	ㅊ	ㅋ	ㅌ	ㅍ	ㅎ		
ㅈ	ㅊ	ㅋ	ㅌ	ㅍ	ㅎ		

자음자를 필순에 맞게 써 봅시다.

3 모음 익히기

ㅏ	ㅏ		가	마	
ㅏ	ㅏ		가	마	
ㅏ	ㅏ	가	마	가	마
ㅏ	ㅏ	가	마	가	마
ㅑ	ㅑ		야	구	
ㅑ	ㅑ		야	구	
ㅑ	ㅑ	야	구	야	구
ㅑ	ㅑ	야	구	야	구

낱자를 차례에 맞게 써 봅시다.

공부한 날 (　　)월 (　　)일

ㅓ ㅓ			머 리	
ㅓ ㅓ			머 리	
ㅓ ㅓ		머 리	머 리	
ㅓ ㅓ		머 리	머 리	
ㅕ ㅕ			여 우	
ㅕ ㅕ			여 우	
ㅕ ㅕ		여 우	여 우	
ㅕ ㅕ		여 우	여 우	

 'ㅏ, ㅑ, ㅓ, ㅕ'의 모양을 구분하여 씁시다.

3 모음 익히기

ㅗ	ㅗ		오 리	
ㅗ	ㅗ		오 리	
ㅗ	ㅗ	오 리	오 리
ㅗ	ㅗ	오 리	오 리

ㅛ	ㅛ		교 문	
ㅛ	ㅛ		교 문	
ㅛ	ㅛ	교 문	교 문
ㅛ	ㅛ	교 문	교 문

먼저 낱말을 살펴 보고 읽어 봅시다.

공부한 날 (　)월 (　)일

ㅜ	ㅜ			수	박	
ㅜ	ㅜ			수	박	
ㅜ	ㅜ	수	박	수	박	
ㅜ	ㅜ	수	박	수	박	

ㅠ	ㅠ			휴	지	
ㅠ	ㅠ			휴	지	
ㅠ	ㅠ	휴	지	휴	지	
ㅠ	ㅠ	휴	지	휴	지	

 낱자를 관찰하고, 손가락으로 덮어 써 봅시다.

3 모음 익히기

―	―		그	네
―	―		그	네
―	―	그	네	그	네
―	―	그	네	그	네

ㅣ	ㅣ		기	차
ㅣ	ㅣ		기	차
ㅣ	ㅣ	기	차	기	차
ㅣ	ㅣ	기	차	기	차

주어진 글씨의 크기 및 모양을 닮게 씁시다.

공부한 날 (   )월 (   )일

ㅏ	ㅑ	ㅓ	ㅕ	ㅗ	ㅛ	ㅜ	ㅠ
ㅏ	ㅑ	ㅓ	ㅕ	ㅗ	ㅛ	ㅜ	ㅠ

ㅡ	ㅣ
ㅡ	ㅣ

ㅏ	ㅑ	ㅓ	ㅕ	ㅗ	ㅛ	ㅜ	ㅠ
ㅏ	ㅑ	ㅓ	ㅕ	ㅗ	ㅛ	ㅜ	ㅠ

ㅡ	ㅣ
ㅡ	ㅣ

'ㅏ, ㅑ, ㅓ, ㅕ, ㅗ, ㅛ, ㅜ, ㅠ, ㅡ, ㅣ'의 모양을 구분하여 씁시다.

4 기본 낱말 익히기

	나 너	나 너
	나 너	나 너

나 너	나 너	나 너
나 너	나 너	나 너

우리를 할 때 끝 부분에서 힘을 빼고 긋습니다.

공부한 날 (　　)월 (　　)일

	아	버	지	
	아	버	지	
아	버	지	아	버	지
아	버	지	아	버	지
		어	머	니	
		어	머	니	
어	머	니	어	머	니
어	머	니	어	머	니

 시필점의 처음부터 쓰기 시작하여 일부분만 쓰는 일이 없어야 합니다.

4 기본 낱말 익히기

| | 인 사 | 인 사 |
| | 인 사 | 인 사 |

| 인 사 | 인 사 | 인 사 |
| 인 사 | 인 사 | 인 사 |

| | 안 녕 | 안 녕 |
| | 안 녕 | 안 녕 |

| 안 녕 | 안 녕 | 안 녕 |
| 안 녕 | 안 녕 | 안 녕 |

읽으면서 문자를 완전히 익힙니다.

공부한 날 (   )월 (   )일

	선	생	님	
	선	생	님	
선	생	님		
선	생	님	선	생	님
선	생	님	선	생	님
			운	동	장
			운	동	장
운	동	장	운	동	장
운	동	장	운	동	장

 글자의 크기를 인식하여 처음 시작하는 위치를 눈여겨 봅시다.

4 기본 낱말 익히기

아침 아침
아침 아침

아침 아침 아침
아침 아침 아침

낮 낮 낮
낮 낮 낮

낮 낮 낮 낮
낮 낮 낮 낮

 처음 시작하는 위치에 따라 네모 칸에 알맞게 씁시다.

공부한 날 (   )월 (   )일

	저 녁	저 녁
	저 녁	저 녁
저 녁	저 녁	저 녁
저 녁	저 녁	저 녁
	달 밤	달 밤
	달 밤	달 밤
달 밤	달 밤	달 밤
달 밤	달 밤	달 밤

 처음 시작하는 위치에 따라 네모 칸에 알맞게 씁시다.

 **기본 낱말 익히기**

가 게	거 미	구 름
가 게	거 미	구 름

그 림 책	가 로 수	
그 림 책	가 로 수	

가 방	감 자	김 밥
가 방	감 자	김 밥

고 구 마	개 나 리	
고 구 마	개 나 리	

 자음자를 쓰는 차례에 맞게 낱말을 써 봅시다.

공부한 날 (　　)월 (　　)일

나	비		나	라		당	근
나	비		나	라		당	근

나	팔	꽃		다	리	미	
나	팔	꽃		다	리	미	

달			라	면		라	디	오
달			라	면		라	디	오

모	래		마	을		바	람
모	래		마	을		바	람

 주어진 낱말의 필순을 기억하여 바르게 씁시다.

 **기본 낱말 익히기**

무	궁	화		보	조	개	
무	궁	화		보	조	개	

별		볼	펜		바	구	니
별		볼	펜		바	구	니

배	추		복	숭	아		해
배	추		복	숭	아		해

사	랑		사	과		오	이
사	랑		사	과		오	이

 덮어쓰기에 의해 기본틀을 익힌 후 보고 씁시다.

공부한 날 (　)월 (　)일

사	계	절		유	리	병	
사	계	절		유	리	병	
연	필		필	통		공	책
연	필		필	통		공	책
요	리	사		주	전	자	
요	리	사		주	전	자	
항	아	리		장	독	대	
항	아	리		장	독	대	

덮어쓰기에 의해 기본틀을 익힌 후 보고 씁시다.

 **기본 낱말 익히기**

"미영아, 안녕?" 서로 인사를 합니다.

 글자의 모양을 눈에 익히면서 글자를 덮어 씁시다.

공부한 날 (   )월 (   )일

쓰	기		시	간	에		친
쓰	기		시	간	에		친
구	가		연	필	을		빌
구	가		연	필	을		빌
려	주	었	습	니	다	.	
려	주	었	습	니	다	.	
고	마	웠	습	니	다	.	
고	마	웠	습	니	다	.	

대화하는 말을 글로 쓸 때 필요한 문장 부호는 큰따옴표(" ")입니다.

 기본 낱말 익히기

	아	버	지	,		동	생
	아	버	지	,		동	생
과		함	께		아	침	에
과		함	께		아	침	에
	동	산	에		올	라	가
	동	산	에		올	라	가

 주어진 낱말의 필순을 기억하여 바르게 씁시다.

요	.		힘	은		들	어
요	.		힘	은		들	어
도		함	께		오	르	니
도		함	께		오	르	니
		운	동	도		되	고
		운	동	도		되	고
기	분	이		좋	아	요	.
기	분	이		좋	아	요	.

주어진 낱말의 필순을 기억하여 바르게 씁시다.

5 어휘력 구사하기

(1) 깡충깡충
토끼가
뛰어갑니다.

(2) 방글방글
아기가

뛰어가는 모양을 흉내내는 말 : 깡충깡충

공부한 날 (　)월 (　)일

웃습니다.
웃습니다.

(3) 엉금엉금
엉금엉금

거북이가
거북이가

기어갑니다.
기어갑니다.

어울리는 흉내내는 말 : 방글방글, 엉금엉금

5 어휘력 구사하기

(1) 아기나무는
자랐습니다.

(2) 아기나무는
땀을   흘립니다

(3) 아기나무는

땀을 흘리는 모양을 흉내내는 말 : 뻘뻘

공부한 날 (　　)월 (　　)일

떨었습니다
떨었습니다

(4) 아기나무는
아기나무는

자라서 크
자라서 크

고 튼튼한 나무가
고 튼튼한 나무가

되었습니다.
되었습니다.

 어울리는 흉내내는 말 : 쑥쑥, 뻴뻴, 오들오들, 무럭무럭

5 어휘력 구사하기

(1) 나비가

(2) 빗방울이

(3) 단풍잎이

(4) 흰눈이

(5) 구름이

흉내내어 표현하는 문답놀이를 해 봅시다.

공부한 날 (   )월 (   )일

(6) 종이배가

(7) 비가 　　　　내립니다.

(8) 공이 　　　　굴러갑니다.

 어울리는 흉내내는 말 : 나풀나풀, 주룩주룩, 울긋불긋, 펑펑, 뭉게뭉게, 둥실둥실, 보슬보슬, 데굴데굴

45

5 어휘력 구사하기

(1) 원숭이가   잠
    원숭이가   잠
을 잡니다.
을 잡니다.

(2) 원숭이가   나무에
    원숭이가   나무에

            매달려   바
            매달려   바

나 나를   맛있게
나 나를   맛있게

 소리를 흉내내는 말 : 쿨쿨, 냠냠

공부한 날 (　　)월 (　　)일

	먹	습	니	다	.		
	먹	습	니	다	.		

(3)	원	숭	이	가		방	귀		냄
	원	숭	이	가		방	귀		냄

새	를		맡	고		고	개	를	
새	를		맡	고		고	개	를	

				흔	듭	니	다	.
				흔	듭	니	다	.

 모양을 흉내내는 말 : 대롱대롱, 설레설레

6 한국문화 익히기

1. 우리 몸

머리	머리카락

얼굴	눈	눈썹	코

콧구멍	입	귀	턱

목	손	손목	손가

락	손톱	발	발목

 우리 몸 각 부위의 이름을 알아보고 써 봅시다.

공부한 날 (   )월 (   )일

발	가	락		발	톱		허	리	
발	가	락		발	톱		허	리	

가	슴		배		어	깨		팔	
가	슴		배		어	깨		팔	

다	리		무	릎		엉	덩	이	
다	리		무	릎		엉	덩	이	

치	아		심	장		위	장		간
치	아		심	장		위	장		간

장			신	장		쓸	개		폐
장			신	장		쓸	개		폐

우리 몸 각 부위의 이름을 알아보고 써 봅시다.

6 한국문화 익히기

2. 가족 & 친척

할아버지　할머니
할아버지　할머니

외할아버지　외할머니
외할아버지　외할머니

큰아버지　큰어머니
큰아버지　큰어머니

작은아버지　작은어머니
작은아버지　작은어머니

고모　고모부
고모　고모부

가족 이름과 친척 이름을 알아봅시다.

공부한 날 (   )월 (   )일

모		이	모	부		이	모		외
모		이	모	부		이	모		외
삼	촌		외	숙	모		삼	촌	
삼	촌		외	숙	모		삼	촌	
사	촌	형	제		아	버	지		어
사	촌	형	제		아	버	지		어
머	니		오	빠		형		누	나
머	니		오	빠		형		누	나
	언	니		조	카		친	정	
	언	니		조	카		친	정	

 가족 이름과 친척 이름을 알아봅시다.

6 한국문화 익히기

3. 식사

밥	상		순	가	락
젓	가	락	밥	그	릇	국	그
릇		반	찬	그	릇	접	시
대	접		국	자		냄	비		밥
솥		가	스	렌	지		싱	크	대

 식사할 때 필요한 도구를 알아 봅시다.

공부한 날 (　)월 (　)일

4. 고기 이름

소고기			돼지고기		
소	고	기	돼	지	고
기					
기	오리고기			닭고기	
	오	리	고기	닭	고	기

오징어　　굴비　　참치

고등어　　전어　　명태

꽁치　　갈치　　장어

 고기의 종류를 알아 봅시다.

53

6 한국문화 익히기

5. 과일 이름

사과	배	복숭
아	천도복숭아	감
귤	밤	포도	딸기
수박	참외	석류	유
자	살구	무화과

과일의 종류를 알아봅시다.

공부한 날 (   )월 (   )일

6. 채소 이름

배추	양배추
무	알타리무	상추
시금치	미나리	양파
마늘	고추	오이
갓	가지	콩나물	파

 채소의 종류를 알아봅시다.

6 한국문화 익히기

7. 곡식 이름

쌀	찹쌀	현미
보리	찰보리	콩
조	옥수수	찰옥수수
감자	고구마	수수
서리태콩	강낭콩	

곡식의 종류를 알아봅시다.

공부한 날 (　　)월 (　　)일

8. 떡 이름

찹	쌀	떡		시	루	떡
절	편		떡	국	떡	송	편

| 술 | 떡 | | 감 | 자 | 떡 | | 백 | 설 |

| 기 | | 떡 | 볶 | 이 | 떡 | | 콩 | 떡 |

| 인 | 절 | 미 | | 찰 | 떡 | | 가 | 래 | 떡 |

 떡의 종류를 알아봅시다.

57

6 한국문화 익히기

9. 음식 이름

김치	김치찌개
된장	된장찌개	고추
가루	고추장	된장
간장	갈비탕	비빔밥
국밥	해장국	국수

 음식의 종류를 알아봅시다.

공부한 날 (   )월 (   )일

	소	머	리	국	밥		쌈	밥	
	소	머	리	국	밥		쌈	밥	
설	렁	탕		불	고	기		메	밀
설	렁	탕		불	고	기		메	밀
국	수		회	덮	밥		감	자	탕
국	수		회	덮	밥		감	자	탕
	장	어	국	밥		갈	치	찌	개
	장	어	국	밥		갈	치	찌	개
	삼	계	탕			순	대	국	밥
	삼	계	탕			순	대	국	밥

 한국음식은 종류가 많아요.

6 한국문화 익히기

10. 입는 옷

| 윗 | 옷 | | 바 | 지 | | 한 |
| 윗 | 옷 | | 바 | 지 | | 한 |

| 복 | 저 | 고 | 리 | | 한 | 복 | 치 | 마 |
| 복 | 저 | 고 | 리 | | 한 | 복 | 치 | 마 |

| 두 | 루 | 마 | 기 | | 신 | 사 | 복 | | 양 |
| 두 | 루 | 마 | 기 | | 신 | 사 | 복 | | 양 |

| 복 | | 점 | 퍼 | | 청 | 바 | 지 | | 면 |
| 복 | | 점 | 퍼 | | 청 | 바 | 지 | | 면 |

| 바 | 지 | | 등 | 산 | 복 | | 운 | 동 | 복 |
| 바 | 지 | | 등 | 산 | 복 | | 운 | 동 | 복 |

옷의 종류를 알아봅시다.

공부한 날 (   )월 (   )일

11. 전자제품

냉	장	고		김	치	냉
냉	장	고		김	치	냉
장	고		세	탁	기		싱	크	대
장	고		세	탁	기		싱	크	대

| 텔 | 레 | 비 | 젼 | | 라 | 디 | 오 | | 오 |
| 텔 | 레 | 비 | 젼 | | 라 | 디 | 오 | | 오 |

| 디 | 오 | | 전 | 화 | 기 | | 선 | 풍 | 기 |
| 디 | 오 | | 전 | 화 | 기 | | 선 | 풍 | 기 |

| 컴 | 퓨 | 터 | | 전 | 기 | 장 | 판 |
| 컴 | 퓨 | 터 | | 전 | 기 | 장 | 판 |

전자제품의 이름을 알아봅시다.

6. 한국문화 익히기

12. 집 안에 있는 물건

책	책상	의자
책장	옷장	침대
피아노	옷걸이	어항
카메라	시계	달력
화장품	액자	휴지통

 집 안에 있는 각종 용품의 이름을 알아봅시다.

공부한 날 ( )월 ( )일

13. 교통 수단

지하철 기차
비행기 버스 배

14. 통신기기

전화기 공중전
화 휴대전화 스마트
폰 테블릿 PC

 교통 수단과 통신기기에 대해 알아봅시다.

6 한국문화 익히기

15. 인사

(1) 안녕하세요
안녕하세요

(2) 친구야 안녕?
친구야 안녕?

(3) 반갑습니다 반가워
반갑습니다 반가워

(4) 고맙습니다 고마워
고맙습니다 고마워

(5) 어서 오세요 어서 와
어서 오세요 어서 와

 인사하는 말을 알아봅시다.

16. 대한민국

우리나라 이름은 대한민국 우리나라 꽃은 무궁화 우리나라 국기는 태극기 민주주의 국가

대한민국에 대해서 알아봅시다.

6 한국문화 익히기

17. 살기 좋은 대한민국

한국은 참 살기 좋은 나라입니다.

봄에는 꽃이 피고 여름에는 바다와 산이 좋아요. 산은 푸

 한국은 4계절이 있어 좋습니다.

공부한 날 (   )월 (   )일

르	고		농	사	가		잘		되
르	고		농	사	가		잘		되
고		가	을	에	는		단	풍	이
고		가	을	에	는		단	풍	이
		아	름	답	고		겨	울	에	는
		아	름	답	고		겨	울	에	는
		눈	이		내	리	는		4	계
		눈	이		내	리	는		4	계
절	이		있	어		좋	아	요	
절	이		있	어		좋	아	요	

한국은 사람살기 매우 좋다는 것을 알았습니다.

7 대한민국 행정구역

행정구역

대한민국 행정구역은 16개 시도로 나누어져 있습니다. (1) 서울특별시 (2) 부산광역시 (3) 대구광

대한민국 행정구역을 알아봅시다.

공부한 날 (   )월 (   )일

역	시		(4)	인	천	광	역	시	
역	시			인	천	광	역	시	
(5)	광	주	광	역	시		(6)	대	전
	광	주	광	역	시			대	전
광	역	시		(7)	울	산	광	역	시
광	역	시			울	산	광	역	시
	(8)	강	원	도		(9)	경	기	도
		강	원	도			경	기	도
	(10)	경	상	남	도		(11)	경	상
		경	상	남	도			경	상

 대한민국 행정구역을 알아봅시다.

7 대한민국 행정구역

북	도		(12)	전	라	남	도		(13)
북	도			전	라	남	도		
전	라	북	도		(14)	충	청	남	도
전	라	북	도			충	청	남	도
	(15)	충	청	북	도		(16)	제	주
		충	청	북	도			제	주
특	별	자	치	도					
특	별	자	치	도					

대한민국 행정구역을 알아봅시다.

공부한 날 (   )월 (   )일

| 행정기관 | 도 | 청 | | 시 | 청 | | 구 |

| 청 | | 군 | 청 | | 동 | 사 | 무 | 소 |

| 면 | 사 | 무 | 소 | | 주 | 민 | 센 | 터 |

| 교 | 육 | 청 | | 우 | 체 | 국 | | 소 | 방 |

| 서 | | 경 | 찰 | 서 | | 보 | 건 | 소 |

 대한민국 행정기관을 알아봅시다.

대한민국 행정구역

서울특별시 각 구 알아보기								
		강	남	구		강	동	구
		강	남	구		강	동	구
강	북	구		강	서	구	관	악
강	북	구		강	서	구	관	악
구		광	진	구		구	로	구
구		광	진	구		구	로	구
금	천	구		노	원	구	도	봉
금	천	구		노	원	구	도	봉
구		동	대	문	구	동	작	구
구		동	대	문	구	동	작	구

 서울특별시에는 구와 동이 ㅇ 있습니다.

공부한 날 (   )월 (   )일

마	포	구		서	대	문	구		서
마	포	구		서	대	문	구		서
초		구		성	동	구		성	북	구
초		구		성	동	구		성	북	구
송	파	구		양	천	구		영	등
송	파	구		양	천	구		영	등
포		구		용	산	구		은	평	구
포		구		용	산	구		은	평	구
종	로	구		중		구		중	랑	구
종	로	구		중		구		중	랑	구

서울특별시에는 25개 구가 있습니다.

7 대한민국 행정구역

| 경기도 내의 시, 군 | 대 | 한 | 민 | 국 | | 경 | 기 |

대한민국 경기
도는 27개 시와
4개의 군으로 구성
되어 있습니다

(1) 가평군   (2) 고양시

경기도는 시와 군으로 나누어져 있습니다.

공부한 날 (   )월 (   )일

(3) 과 천 시	(4) 광 명 시
(5) 광 주 시	(6) 구 리 시
(7) 군 포 시	(8) 김 포 시
(9) 남 양 주 시	(10) 부 천 시
(11) 동 두 천 시	(12) 성 남 시

 경기도의 큰 시에는 2개~4개구가 있습니다.

 # 대한민국 행정구역

(13)	수	원	시	(14)	시	흥	시
	수	원	시		시	흥	시
(15)	안	산	시	(16)	안	성	시
	안	산	시		안	성	시
(17)	안	양	시	(18)	양	주	시
	안	양	시		양	주	시
(19)	양	평	군	(20)	여	주	군
	양	평	군		여	주	군
(21)	연	천	군	(22)	오	산	시
	연	천	군		오	산	시

 경기도의 시군을 알아봅시다.

공부한 날 (   )월 (   )일

(23) 용 인 시				(24) 의 왕 시		
	용	인	시	의	왕	시
(25) 의 정 부 시				(27) 이 천 시		
	의	정	부	시	이	천	시
(28) 파 주 시				(29) 평 택 시		
	파	주	시	평	택	시
(30) 포 천 시				(31) 하 남 시		
	포	천	시	하	남	시
(32) 화 성 시						
	화	성	시			

 경기도는 22시 4개 군이 있습니다.

8 자연환경보호 캠페인

| 자연환경보호 | (1) 쓰레기는 쓰 |

쓰레기는 쓰
레기통에 버리고 길
레기통에 버리고 길

에는 아무것도 버리
에는 아무것도 버리

지 말아야 합니다
지 말아야 합니다

(2) 쓰레기를 되도록
쓰레기를 되도록

 자연환경보호에 대하여 알아보자.

공부한 날 (　　)월 (　　)일

많이	만들지	않고

쓰레기가	재활용될

수	있도록	분리수거

해야	합니다

(3) 가까운 거리는 되

 자연환경보호에 앞장서야 합니다.

 자연환경보호 캠페인

도록		걸	어	다	니	며		자
도록		걸	어	다	니	며		자
전	거	나		대	중	교	통	을
전	거	나		대	중	교	통	을
이	용	해	야		합	니	다	
이	용	해	야		합	니	다	
(4)	물		종	이		전	기	를
	물		종	이		전	기	를
아	껴	써	야		합	니	다	
아	껴	써	야		합	니	다	

자연환경보호에 대하여 좀 더 알아봅시다.

공부한 날 (　　)월 (　　)일

(5) 개를　데리고　다닐
　　 개를　데리고　다닐

때에는　끈으로　묶
때에는　끈으로　묶

고　다녀야　하고　배
고　다녀야　하고　배

설물은　바로　치워야
설물은　바로　치워야

합니다
합니다

집안 청소를 항상하고 오염된 공기를 제거합시다.

9 편지글 쓰기 – (1) 딸에게

사랑하는 미선에게

사랑하는 미선에게

생일을 축하한다.

생일을 축하한다.

생일을 맞은 기분이

생일을 맞은 기분이

어떠니?

어떠니?

엄마는 미선이가

엄마는 미선이가

감사하는 마음을 담아 편지를 써 봅시다.

공부한 날 (　　)월 (　　)일

| 건 | 강 | 하 | 고 | | 착 | 하 | 게 | | 잘 |
| 건 | 강 | 하 | 고 | | 착 | 하 | 게 | | 잘 |

| 자 | 라 | | 주 | 어 | 서 | | 정 | 말 | |
| 자 | 라 | | 주 | 어 | 서 | | 정 | 말 | |

| 기 | 쁘 | 단 | 다 | . |
| 기 | 쁘 | 단 | 다 | . |

| 미 | 선 | 아 | | 사 | 랑 | 해 | ! |
| 미 | 선 | 아 | | 사 | 랑 | 해 | ! |

○월　○일

엄 마 가

 어느 때 부모님께 감사하다고 생각합니까?

9 편지글 쓰기 – (2) 어머니께

어머니께

오늘 내 생일에

엄마가 만들어 주신

음식과 과일을 맛있

게 먹었습니다.

 부모님께 어떤 말씀을 드리고 싶은가요?

공부한 날 (   )월 (   )일

	앞	으	로		더		건	강	하
	앞	으	로		더		건	강	하
고		착	하	게		자	라	겠	습
고		착	하	게		자	라	겠	습
니	다	.							
니	다	.							
	엄	마		사	랑	해	요	.	
	엄	마		사	랑	해	요	.	
				○	월		○	일	
				미	선	이		올	림

 부모님께 편지를 써서 감사하는 마음을 전하여 봅시다.

9 편지글 쓰기 – (3) 아버지께

아버지께

아버지 그동안 안

녕하셨어요?

오늘은 아버지께

편지 쓰기가 숙제입

부모님께 편지를 써서 감사하는 마음을 전하여 봅시다.

공부한 날 （　）월（　）일

니다.

아버지와 저는 대화할 시간이 적다는 것이 참 아쉽습니다 그러나 돌아오시다

✎ 감사하는 마음이 잘 드러나게 편지를 써 봅시다.

9 편지글 쓰기 – (3) 아버지께

면		꼭		숙	제	한		것	도
면		꼭		숙	제	한		것	도
		챙	겨	주	시	는		자	상	하
		챙	겨	주	시	는		자	상	하
신		아	버	지		저	는		그
신		아	버	지		저	는		그
런		아	버	지	를		존	경	합
런		아	버	지	를		존	경	합
니	다	.							
니	다	.							

 어느 때 부모님께 감사하다고 생각하였습니까?

공부한 날 (　　)월 (　　)일

	아	버	지		더	욱		힘	내
	아	버	지		더	욱		힘	내
시	고		또		건	강	하	셔	서
시	고		또		건	강	하	셔	서
	오	래	오	래		사	셔	요	.
	오	래	오	래		사	셔	요	.
			○	월		○	일		
	딸		미	선	이		올	림	

감사하는 마음을 담아 편지를 써 봅시다.

10 우체국서비스

국제특급 우편이란?

긴급한 편지

서류나 물품 등을

가장 빠르고 안전하

게 해외로 배달해

주는 국제우편서비스

국제특급 우편이란 무엇인지 알아봅시다.

공부한 날 (   )월 (   )일

로	써		우	정	사	업	본	부	가
로	써		우	정	사	업	본	부	가
	세	계		1		4	3	개	국	의
	세	계		1		4	3	개	국	의
	공	신	력	있	는		우	편
	공	신	력	있	는		우	편
당	국	과		체	결	한		특	별
당	국	과		체	결	한		특	별
	협	정	에		따	라		취	급
	협	정	에		따	라		취	급

국제 우편물의 배달 경로를 알아봅시다.

10 우체국서비스

하므로 높은 신뢰도와 안전성을 바탕으로 운영되고 있습니다.

국제특급우편에 대해 알아봅시다.

11 UN가입국   공부한 날 (   )월 (   )일

UN 가입국가	아	프	가	니	스	탄

| 알 | 바 | 니 | 아 | | 알 | 제 | 리 | 아 |

| 안 | 도 | 라 | | 앙 | 골 | 라 | | 안 | 티 |

| 구 | 아 | 바 | 부 | 다 | | 아 | 르 | 헨 | 티 |

| 나 | | 아 | 르 | 메 | 니 | 아 | | 오 | 스 |

 UN회원국을 알아봅시다.

11 UN가입국

트	레	일	리	아		오	스	트	리
트	레	일	리	아		오	스	트	리
아		아	제	르	바	이	젠		바
아		아	제	르	바	이	젠		바
하	마		바	레	인		방	글	라
하	마		바	레	인		방	글	라
데	시		바	베	이	도	스		벨
데	시		바	베	이	도	스		벨
라	루	스		벨	기	에		벨	리
라	루	스		벨	기	에		벨	리

UN회원국을 알아봅시다.

공부한 날 ( )월 ( )일

제		베	냉		부	탄		볼	리
제		베	냉		부	탄		볼	리
비	아		보	스	니	아	헤	르	체
비	아		보	스	니	아	헤	르	체
고	비	나		보	츠	와	나		브
고	비	나		보	츠	와	나		브
라	질		브	루	나	이		불	가
라	질		브	루	나	이		불	가
리	아		부	르	키	나	파	소	
리	아		부	르	키	나	파	소	

 UN회원국을 알아봅시다.

11 UN가입국

브룬디	캄보디아	카
메룬	캐나다	케이프
베르데	중앙아프리카	
차드	칠레	중국
콜롬비아	코모로스	

UN회원국을 알아봅시다.

공부한 날 (   )월 (   )일

콩	고		코	스	타	리	카		코
콩	고		코	스	타	리	카		코
트	디	브	와	르		크	로	아	티
트	디	브	와	르		크	로	아	티
아		쿠	바		키	프	러	스	
아		쿠	바		키	프	러	스	
체	코		북	한		콩	고	민	주
체	코		북	한		콩	고	민	주
공	화	국		덴	마	크		지	부
공	화	국		덴	마	크		지	부

UN회원국을 알아봅시다.

11 UN가입국

티		도	미	니	카		도	미	니
티		도	미	니	카		도	미	니
카	공	화	국			에	콰	도	르
카	공	화	국			에	콰	도	르
이	집	트			엘	살	바	도	르
이	집	트			엘	살	바	도	르
적	도	기	니		에	르	트	리	아
적	도	기	니		에	르	트	리	아
	에	스	토	니	아		에	디	오
	에	스	토	니	아		에	디	오

UN회원국을 알아봅시다.

공부한 날 (   )월 (   )일

피	아		피	지		핀	란	드
피	아		피	지		핀	란	드
프	랑	스		가	봉		감	비	아
프	랑	스		가	봉		감	비	아
	그	루	지	아		독	일		가
	그	루	지	아		독	일		가
나		그	리	스		그	레	나	다
나		그	리	스		그	레	나	다
	과	테	말	라		기	니	아
	과	테	말	라		기	니	아

 UN회원국을 알아봅시다.

11 UN가입국

기	니	아	비	소		가	이	아	나
기	니	아	비	소		가	이	아	나
	하	이	티			온	두	라	스
	하	이	티			온	두	라	스
헝	가	리			아	이	슬	란	드
헝	가	리			아	이	슬	란	드
인	도		인	도	네	시	아		이
인	도		인	도	네	시	아		이
란		이	라	크		아	일	랜	드
란		이	라	크		아	일	랜	드

UN회원국을 알아봅시다.

공부한 날 (   )월 (   )일

	이	스	라	엘		이	탈	리	아
	이	스	라	엘		이	탈	리	아
	자	메	이	카		일	본		요
	자	메	이	카		일	본		요
르	단		카	자	흐	스	탄		케
르	단		카	자	흐	스	탄		케
냐		키	리	바	티		쿠	웨	이
냐		키	리	바	티		쿠	웨	이
트		키	르	키	즈	스	탄		라
트		키	르	키	즈	스	탄		라

UN회원국을 알아봅시다.

11 UN가입국

오	스		라	트	비	아		레	바
오	스		라	트	비	아		레	바
논		레	소	토		리	베	리	아
논		레	소	토		리	베	리	아
	리	비	아		리	히	텐	시	타
	리	비	아		리	히	텐	시	타
인		리	투	아	니	아		룩	셈
인		리	투	아	니	아		룩	셈
부	르	크		마	다	가	스	카	르
부	르	크		마	다	가	스	카	르

UN회원국을 알아봅시다.

공부한 날 (   )월 (   )일

	말	라	위		말	레	이	시	아
	말	라	위		말	레	이	시	아
	몰	디	브		말	리		말	타
	몰	디	브		말	리		말	타
	마	아	샬		모	리	타	니	아
	마	아	샬		모	리	타	니	아
	모	리	셔	스		멕	시	코	
	모	리	셔	스		멕	시	코	
미	크	로	네	시	아		모	나	코
미	크	로	네	시	아		모	나	코

UN회원국을 알아봅시다.

11 UN가입국

	몽	고		모	로	코		모	잠
	몽	고		모	로	코		모	잠
비	크		미	얀	마		나	미	비
비	크		미	얀	마		나	미	비
아		나	우	루		네	팔		네
아		나	우	루		네	파		네
덜	란	드		뉴	질	랜	드		니
덜	란	드		뉴	질	랜	드		니
카	라	구	아		니	제	르		나
카	라	구	아		니	제	르		나

UN회원국을 알아봅시다.

공부한 날 (   )월 (   )일

이	지	리	아		노	르	웨	이	
이	지	리	아		노	르	웨	이	
오	만		파	키	스	탄		팔	라
오	만		파	키	스	탄		팔	라
우		파	나	마		파	푸	아	뉴
우		파	나	마		파	푸	아	뉴
기	니		파	라	과	이		페	루
기	니		파	라	과	이		페	루
	필	리	핀		폴	란	드		포
	필	리	핀		폴	란	드		포

 UN회원국을 알아봅시다.

11 UN가입국

르	투	칼		카	타	르		한	국
르	투	칼		카	타	르		한	국
	몰	도	바		루	마	니	아	
	몰	도	바		루	마	니	아	
러	시	아		르	완	다		세	인
러	시	아		르	완	다		세	인
트	키	츠	네	비	스		세	인	트
트	키	츠	네	비	스		세	인	트
루	시	아		세	인	트	빈	센	트
루	시	아		세	인	트	빈	센	트

UN회원국을 알아봅시다.

공부한 날 (　　)월 (　　)일

그	레	나	다		사	모	아		산
그	레	나	다		사	모	아		산
마	리	노			상	토	메	프	린	스
마	리	노			상	토	메	프	린	스
페					사	우	디	아	라	비	아
페					사	우	디	아	라	비	아
세	네	갈			세	이	셸		시	에
세	네	갈			세	이	셸		시	에
라	리	온			싱	가	포	르		슬
라	리	온			싱	가	포	르		슬

 UN회원국을 알아봅시다.

11 UN가입국

로	바	키	아		슬	로	베	니	아
로	바	키	아		슬	로	베	니	아

	솔	로	몬		소	말	리	아	
	솔	로	몬		소	말	리	아	

남	아	프	리	카	스	페	인		
남	아	프	리	카	스	페	인		

스	리	랑	카		수	단		수	리
스	리	랑	카		수	단		수	리

남		스	와	질	란	드		스	위
남		스	와	질	란	드		스	위

UN회원국을 알아봅시다.

공부한 날 (   )월 (   )일

스		스	웨	덴		시	리	아	
스		스	웨	덴		시	리	아	
타	지	키	스	탄		태	국		마
타	지	키	스	탄		태	국		마
케	도	니	아		동	티	모	르	
케	도	니	아		동	티	모	르	
토	고		통	가		트	리	니	다
토	고		통	가		트	리	니	다
드	토	바	고		튀	니	지		터
드	토	바	고		튀	니	지		터

 UN회원국을 알아봅시다.

11 UN가입국

키		투	루	크	메	니	스	탄	
키		투	루	크	메	니	스	탄	
투	발	루		우	간	다		우	크
투	발	루		우	간	다		우	크
라	이	나		아	랍	에	미	레	이
라	이	나		아	랍	에	미	레	이
트		영	국		탄	자	니	아	
트		영	국		탄	자	니	아	
미	국		우	루	과	이		우	즈
미	국		우	루	과	이		우	즈

UN회원국을 알아봅시다.

공부한 날 (   )월 (   )일

베	키	스	탄		바	누	아	투	
베	키	스	탄		바	누	아	투	
베	네	주	엘	라		베	트	남	
베	네	주	엘	라		베	트	남	
예	멘		유	고		잠	비	아	
예	멘		유	고		잠	비	아	
짐	바	브	웨						
짐	바	브	웨						

UN회원국을 알아봅시다.

다문화 가족을 위한
글로벌 한글쓰기 완성편

초판 발행 2012년 1월 15일

펴낸인 | 배수현
기 획 | 심재교
디자인 | 디프넷

펴낸곳 | 가나북스 www.gnbooks.co.kr
전 화 | 031-408-8811
팩 스 | 031-501-8811

ISBN 978-89-94664-14-9(72710)

책 가격은 뒷표지에 있습니다.